奇怪的冷科学

宇宙深处

〔美〕詹姆斯·奥尔斯坦 著

桂小黎 译

未小读
UnRead Kids

贵州出版集团
贵州人民出版社

从银河系的行星到神秘的黑洞，从太空闪电到失控的恒星，
从月球地震到紫外辐射，宇宙中的一切都让人深深着迷。

宇宙深处有各种各样奇怪的秘密，比如银河系中飘浮着有毒油脂，
还有钻石遍地、和太阳一样闪耀的系外行星。

本书将揭开宇宙的神秘面纱：那些关于宇宙你不知道的事，
还有空间站生活的趣味小知识。

这本书还会告诉你宇航员的脚在太空会发生什么变化，
他们在进行太空行走时如何给鼻子挠痒痒，
以及他们进入太空前如何进行训练。

让我们走进奇怪的科学世界一探究竟吧！

致家人。

目录

巨大的黑洞

我们所在的星系——银河系的中心是一个超大质量的黑洞，它被命名为人马座A*，质量几乎相当于430万个太阳。

没有东西能逃脱黑洞的引力，包括光，因此科学家在研究时必须"擦亮双眼"。

黑洞无法直接观测，科学家通常会根据辐射等迹象来确定黑洞的存在。

独一无二的太阳系

太阳系的结构十分罕见。
科学家迄今为止研究的大多数类日恒星
都没有围绕其运行的大行星。

周游太阳系

从地球发射的宇宙飞船目前已经访问过太阳系的所有行星。

神秘的水星

只有两艘宇宙飞船接近过太阳系中最小的行星——水星。它们绘制了水星坑坑洼洼的表面图像，研究了水星的大气层。

自带光环的土星

有4艘宇宙飞船访问过土星，对它的光环系统进行了观察，并研究了许多它周围的卫星。

火热的金星

金星是一颗动荡而炽热的行星。人们曾多次试图访问金星，但只有20多次取得了成功。

冷清的天王星

到目前为止，只有一艘宇宙飞船到达过遥远的天王星。我们掌握的有关天王星的信息都来自这次访问和功能强大的地面望远镜。

非凡的火星

科学家多次发起登陆火星的任务，但目前只有18个任务圆满完成。已有8台火星车登陆成功，其中两台现在仍然在运作。

遥远的海王星

在地球上，肉眼是看不见海王星的。它是太阳系八大行星中离太阳最远的，也只被访问过一次。

巨大的木星

目前，已经有9艘宇宙飞船访问了木星。1973年，美国国家航空航天局（NASA）发射的"先锋10号"成为第一艘飞越木星的飞行器。"先锋10号"在这颗气态巨星的云层上空飞行了大约20万千米。

水星还是"铁星"？

水星的表面看起来很像月球，但其核心的含铁量高于太阳系中任何其他行星和卫星。

极度高温

金星有着极厚的大气层，吸收热量后会产生很强的温室效应。它的表面温度最高可达 465 摄氏度，足以熔化铅块！

火星尘暴

在火星上，尘暴可以席卷整个星球，并可持续数周。

固态内核

虽然木星是一颗气态巨行星，但它的内部有一个由冰、岩石和金属构成的核心。

扁扁的土星

土星是气态的，并以高速旋转，
它因此成为太阳系中形状最扁的一颗行星。

冰冷的天王星

天王星被称为"冷行星"：它
拥有所有行星中温度最低的大
气层。

飓风肆虐的海王星

海王星上的飓风可以达到每小时
2,400千米的速度，是迄今为止在太
阳系中监测到的最强烈的风暴。

气态巨星

与地球不同，木星、土星、
天王星和海王星这些气态巨星没有
可以行走的固体表面。

时间怎么计算？

一天是指行星自转一周所用的时间，一年是指行星绕太阳一周所用的时间。每颗行星的大小、与太阳的距离都各不相同，所以没有两颗行星一天或一年的长度是完全相同的。

"时间扭曲"

水星上一天的时长相当于地球上的58.6天，而一年只相当于地球上的88天。

"空间错乱"

在金星上，一天相当于地球上243天，一年相当于地球上224.7天。

光的速度

来自太阳的光需要8分钟才能到达我们这里。

火星生活

火星上的一天是24小时39分钟，非常接近我们的一天，但是火星上的一年相当于地球上的687天。

漫长的一年

海王星上的一年居然相当于165个地球年！而它的一天只有16个小时。

慢悠悠的天王星

天王星上的一天大约有17个小时。它以极慢的速度绕太阳公转，每绕太阳一周需要84个地球年。

土星又一天

土星自转很快，一天只有10小时33分钟。土星上的一年大约等于29.5个地球年。

最短的一天

木星绕太阳一周需要11.8个地球年，但它的一天是最短的，只有9小时55分钟。

太阳的生命有多久

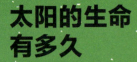

据美国国家航空航天局判断，太阳已经有 45 亿年的历史，大约已走过了一半的生命历程。

太阳有多大

太阳是一颗中等大小的恒星，可以容纳 100 万个地球。

太阳有多重

太阳占太阳系总质量的99%。它是一个由氢气在重力作用下聚合而成的巨大球体。

在大约50亿年后，太阳将消耗掉它所有的氢，进入所谓的红巨星阶段，之后，太阳会变得越来越大，直到吞没水星、金星和地球。在这一阶段之后，太阳将会坍缩，变成一颗和地球一样大的白矮星。

彩色的太阳光

在我们看来，太阳是白色的，但实际上太阳光是由各种颜色的光混合在一起组成的。
太阳光被分成七色光就形成了彩虹。

阳光家园

我们都生活在太阳的大气层中！太阳大气的最外层——日冕可以到达海王星，甚至更远。地球的大气层和强大的磁场阻挡了大部分来自太阳的热辐射。

热辣的太阳

太阳中心的温度达1,500万摄氏度。

当水星路过

当水星运行到地球与太阳之间时，在地球上可以观察到太阳上有小黑斑移动，这种现象叫作水星凌日。水星凌日一个世纪只会发生13次。

缩小的水星

水星正在慢慢降温，
这一过程导致水星不断地在缩小。

我们变轻了？

水星表面的重力较低，
如果我们登上水星，
体重将只有地球上的38%。

因为水星的质量和体积都很小，所以它的表面重力很低。水星的直径只有4,879千米，而地球的直径有12,742千米。

瓣状陡坡

当水星的铁核收缩时，它的岩石外壳会在表面形成褶皱和山脊状的隆起，
被称为"瓣状陡坡"，高度可达2千米。

镜子魔法

金星浓厚的云层对光线有强烈的反射作用，这使它显得格外明亮，亮度仅次于太阳和月亮。

水星

金星

地球

火星

木星

土星

天王星

海王星

走自己的路

金星和天王星与太阳系其他行星自转的方向相反。因此，如果你登上金星，你会看到太阳从西方升起，从东方落下。

热带天堂

在对金星表面进行无线电测绘之后，科学家判断这颗行星上有过海洋，后来因为温度升高，海水就被蒸发掉了。

地球磁场

地球磁场可以保护我们免受太阳风和其他太空辐射的伤害。

慢下来

由于受潮汐等因素的影响，地球的自转速度正在逐渐减慢。随着时间的推移，地球上一天的时间会稍微变长。

来自火星的石头

1984年12月27日，美国的陨石搜寻者在南极洲的艾伦山发现了一颗来自火星的石头。科学家普遍认为，这块石头是大约40亿年前一颗流星撞击火星表面产生的碎块，最后落到了地球上。

截至2019年年初，地球上已有214颗陨石被确认为火星陨石。

地球的形状

地球并不是一个完美的球体，只是在太空中看起来是圆的。事实上，这块"蓝色大理石"的中间外凸，两极略扁一些。

系好安全带

范艾伦辐射带是环绕地球的两个辐射环。
外辐射带是由上亿个来自太阳、被地球的磁场捕获的高能粒子构成的，
而内辐射带是由宇宙辐射碰撞地球上层大气形成的。

远古海洋

美国国家航空航天局发现了很多火星上有水存在的证据,
包括冻结在极地地区的冰块, 以及曾经受水侵蚀留下的地表通道和裂缝。这些证据表明,
目前火星上可能存在简单生命, 或者火星也曾是更复杂的生命形态的家园。

有一种假说认为, 在38亿年前, 火星表面的三分之一都有海洋覆盖。

蓝色日落

在火星上，白天时天空是红色的，但到了日落时分，夕阳及周围的天空就会呈现出蓝色。

这是因为火星空气中微小尘粒的散射作用在落日周围形成了一圈蓝色的光晕。

当视线方向上的太阳光穿过光晕时就能看到这种现象。

无助的大气层

科学家们认为，在被炽热的太阳风以及紫外线辐射侵蚀之前，火星的大气层曾与地球的大气层相似。如今，火星稀薄的大气层中主要的成分是二氧化碳，占比达96%，而地球大气层78%的成分是氮气。

"加冕" 为王

火星可能将会拥有属于自己的光环。
数百万年后，离火星最近的卫星——
"福博斯"（火卫一）很可能会撞上它或者
自行解体，变成岩石碎片形成行星环。

疯狂的云彩

木星上色彩斑斓的波浪状云层让人深深着迷，它们呈现出深浅不一的白色、棕色、橙色，最深处还有蓝色。

木星的"污渍"

木星表面的大红斑实际上是一团飓风，科学家迄今为止记录到的木星最大风暴的宽度足足有地球直径的三倍。首次观测到此风暴以来，大红斑已经肆虐了大约350年。

漂浮土星

如果我们能把土星缩小，并把它放入水中，它就会漂浮起来！

土星是太阳系中唯一一颗密度小于水的行星，其密度是每立方厘米0.687克；

而地球是太阳系中密度最大的行星，密度为每立方厘米5.51克。

层层叠叠

科学家们惊奇地发现，土星的大气层是由云层构成的。上层的云由氨的冰晶组成。

天王星光环

虽然从地球上很难看到，但事实上天王星周围也有微弱的星环，其中较大的环为微尘带所环绕。

冰雪星球

天王星有时温度会骤降至零下224摄氏度，是太阳系中最冷的行星。这颗气态巨星的核心由岩石和冰构成。上层大气中的水、氨和甲烷冰晶使它散发着淡蓝色的光芒。

气候恶劣的海王星

海王星的天气状况非常糟糕！
它和天王星一样有着极度低温，
地表的风则以每小时1,200千米的
速度席卷而过。

热力四射

海王星向外辐射的热量比它接收到的热量还要多。然而这
颗行星离太阳那么远，它是如何做到这一点的呢？

黑暗风暴

海王星表面的黑色旋涡实际上是肆虐的巨型风暴。
1989年，科学家在海王星的南部大气中观测到了
有记录以来最大的一场风暴，这场"黑暗风暴"
持续了将近5年。

"降级"

2006 年之前，冥王星一直被当作太阳系的第九颗行星，但之后冥王星被重新归类为矮行星，对于这一点至今仍存在争议。

冥王星之心

冥王星的心形盆地（斯普特尼克平原）具有强大的引力，其质量可能已经改变了冥王星的轴心。斯普特尼克平原是一片冰川平原，宽达 1,000 千米。

"迟到"

乘坐一架普通飞机到冥王星需要800年！而美国国家航空航天局的探测器"新视野号"只用了九年半的时间就到达了那里。

卫星知多少

卫星是指环绕一颗行星轨道运行的天
然天体。地球只有月球这一颗
卫星，但是在太阳系中还有
很多其他的卫星。

孤单行星

水星和金星都没有行星环和卫星。

超大卫星

木星的卫星"盖尼米得"（木卫三）
是太阳系中最大的卫星，它只比火星
小一点点。

熔岩卫星

木星的另一颗卫星——"伊奥"（木卫一）
因猛烈的火山爆发而闻名。

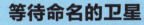

等待命名的卫星

土星已经有53颗卫星得到命名，
另外9颗还在等待官方命名。

阴阳卫星

土星的卫星之———伊阿珀托斯
（土卫八）表面呈现出差异巨大
的明暗两色，十分奇特。

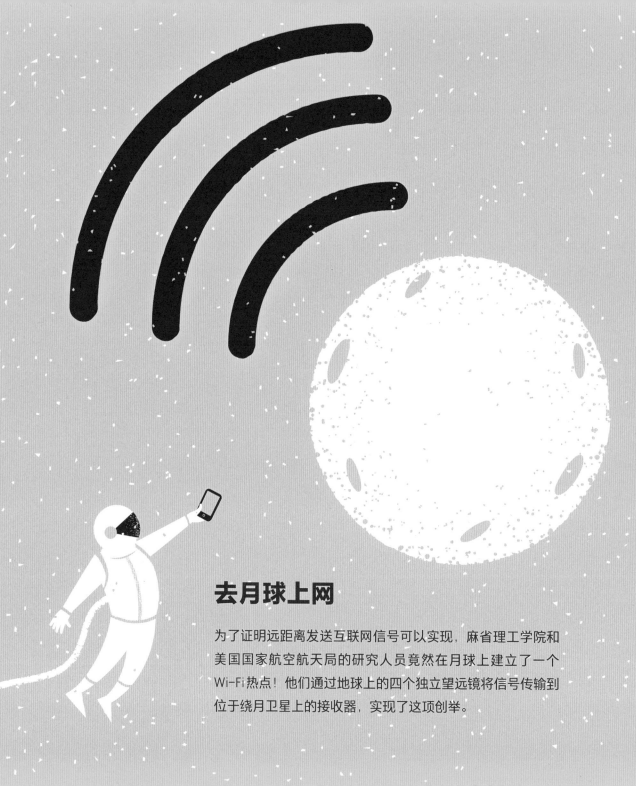

去月球上网

为了证明远距离发送互联网信号可以实现，麻省理工学院和美国国家航空航天局的研究人员竟然在月球上建立了一个Wi-Fi热点！他们通过地球上的四个独立望远镜将信号传输到位于绕月卫星上的接收器，实现了这项创举。

月震

月球上的地震与地球上的相似。引起这种地震活动的因素有很多，
其中包括小流星的影响和地球的潮汐引力。

月球足迹

科学家们认为，在月球上留下的脚印会永远留在那里，不会被破坏。
因为月球上既没有大气也没有液态水，这意味着脚印不会受到风或水的侵蚀。

血月

发生月全食时，月亮会呈现出红色，
这种现象被称为"血月"。
血月是由于月球经过地球和太阳之间时，
太阳光不能直射到月球面向地球的一半，
而经地球大气折射抵达月球的光以红色光为主，
因此使月亮看起来是红色的。

直奔月球

卡门线是地球大气层和外太空的分界线。如果我们驾驶汽车以每小时95千米的速度垂直向上，一小时内就能进入太空。

月亮跟我走

我们开着车前进时，会觉得月亮在跟着我们走。之所以会产生这种错觉，是因为与月球离地球的距离（384,400千米）相比，我们在地球上移动的距离几乎可以忽略不计。

不仅如此，由于地球的曲率，
我们到月球的距离也不会改变。

登月高塔

如果把人类有史以来制造的
所有塑料积木堆在一起，
我们能造出一个10倍于
地月距离的高塔。

逃离银河系

一颗失控的恒星正以超高速在太空中移动。科学家们能够根据这颗恒星捕捉发光粒子的轨迹追踪到它。这颗恒星可能是在与系统中其他恒星引力的相互作用下被抛飞的。

忽明忽暗的恒星

恒星 KIC8462852 的亮度会发生剧烈的变化，天文学家曾怀疑这是因为存在外星人建造的巨大建筑，造成了遮挡。事实上，是星际尘埃阻挡了光线，造成了这一匪夷所思的现象。

太空高峰

从地球上可以看见的最亮的小行星——灶神星的南极附近有一座
巨大的山，它比地球上总高度（从海底开始测量）
最高的山——夏威夷的莫纳克亚山还要高。

冰球

彗星核主要由冰物质构成，平均直径一般小于10千米。

双尾

彗星有两条尾巴：一条尘埃尾和另一条在紫外线作用下产生的离子尾。两条尾巴都可以在太空中延伸数百万千米。

远古遗物

彗星主要由沙子、冰和二氧化碳组成，是太阳系形成过程中的残留物。

炸出小行星

有些小行星是由彗星爆炸形成的，
之后它们表面的冰层会消失，只留下岩石物质。

小行星大资源

很多小行星上都有大量的贵金属和水资源。
未来人类很可能会从小行星上开采金、银、
钛等金属，用于建筑等用途。

天外来客

大约每年都会有一颗小汽车大小的小行
星进入地球大气层。幸运的是，它们在
到达地面之前就已经燃烧殆尽了。

宇宙水库

宇宙中飘浮着大量未冻结的水。
人们迄今为止发现的最大的宇宙水云
包含了140万亿倍于地球海洋的水量。

钻石星球

巨蟹座55e是银河系中的一颗行星，属于"超级地球"。这颗系外行星可能至少有三分之一的部分是纯钻石。不过由于这颗行星距离地球约40光年，所以短期内我们不太可能开采它。

巨型宇宙闪电

在离地球约20亿光年的地方有一个磁场异常强烈的黑洞。它能产生巨大的闪电，其长度是银河系长度的1.5倍。

新生行星

天文学家在尘埃云中捕捉到一颗新生行星。
这颗名为 PDS 70b 的行星只有五六百万年
的历史，与有着 45 亿年历史的地球相比，
宛如一个新生的婴儿。

黏糊糊的太空

科学家认为，太空可能有点黏。
他们在银河系中发现了飘浮的有毒油脂，
这是一种从恒星喷射出的碳氢化合物。

宇宙特写

当一个大质量天体（如星系、黑洞等）的引力使其周围的光发生弯曲时，就会产生引力透镜效应，
其造成的放大效果可以被太空望远镜捕捉到。

时空涟漪

一百多年前，阿尔伯特·爱因斯坦预言了引力波的存在。2015 年，科学家们证实了这一预言。他们发现，当物体高速运动时就会产生引力波。这些物质虽然比原子还小，却可以帮助科学家研究宇宙是如何形成的。

神秘的闪光

在太空中，宇航员有时会看到随机的彩色闪光，这是由宇宙射线打到他们的视神经上产生的。
而地球磁场保护了地球上的我们免受这些射线的伤害。

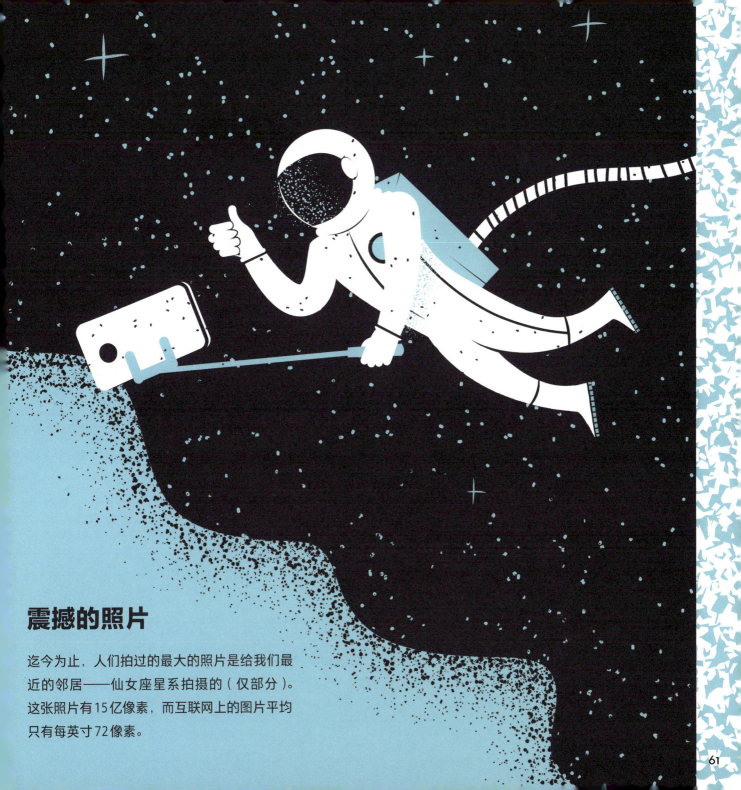

震撼的照片

迄今为止，人们拍过的最大的照片是给我们最
近的邻居——仙女座星系拍摄的（仅部分）。
这张照片有15亿像素，而互联网上的图片平均
只有每英寸72像素。

旅途愉快

"旅行者 1 号"是离地球最远的人造物体。

目前它已经飞出冥王星的轨道160亿千米，距离地球212亿千米。

"旅行者 1 号"载有一张镀金唱片，如果遇到高级外星生命，

就会播放这张唱片。

太空垃圾

多年来人类不断向太空发射宇宙飞船和卫星，导致目前已有50多万块碎片环绕地球运行。科学家们正在制订计划清理绕地球轨道运行的太空垃圾。

太阳晒屁股啦！

居住在国际空间站的宇航员每 90 分钟就能看到一次日出！

这是因为国际空间站以每小时 27,500 千米的速度运行，每 90 分钟就能绕地球一周。

泪不落

执行太空任务的宇航员是哭不出来的。他们可以睁大眼睛，但由于失重，他们的眼泪永远不会掉下来。

气泡麻烦

如果国际空间站的宇航员在睡觉时没有保持空气流通，他们呼出的二氧化碳就会在头部周围形成一个气泡。这会影响到宇航员的睡眠质量，还可能会导致呼吸困难和头痛。

鲜花绽放太空

2015年11月，美国国家航空航天局的宇航员开始在国际空间站种植百日菊。
2016年1月，空间站鲜花盛放。这个实验是太空种植的一次尝试，
旨在解决宇航员执行长期太空任务时的饮食问题。

足部护理

在太空中，我们脚上粗糙的表皮会慢慢脱落。由于宇航员在四处走动时不受重力影响，所以脚底会变得很柔软，和婴儿的脚底一样粉粉嫩嫩的。

上个厕所

低重力环境让人很难判断自己是否需要上厕所。宇航员接受的训练是每两小时上一次厕所，因为他们无从感知膀胱何时是充盈的。

国际空间站的厕所设有帮助宇航员保持坐姿的腿部固定装置，还有能帮助宇航员顺利站起来的脚部固定装置，以防他们在如厕期间飘走。

会回来的

如果宇航员在国际空间站扔回旋镖，回旋镖会飞回来。即使在失重状态下，只要有空气提供必要的力，回旋镖就会回到投掷者手中。

失而复得

1972年，美国宇航员肯·马丁利在登月任务中丢失了他的婚戒。
幸运的是，在九天后的一次太空行走中他又找到了这枚戒指！

遗失在太空中的物品还包括一个价值10万美元的工具袋、一台相机和一把铲子。
人们送往太空的物品包括卢克·天行者的光剑（1983年的电影道具）、乐高玩具、巴斯光年玩具、
恐龙骨骼和各种音乐，其中最著名的是披头士乐队、
污迹乐队和路易斯·阿姆斯特朗的歌曲。

金属黏着

在太空中，由于缺乏氧气，金属可能会发生冷焊黏在一起。而在地球上，大气中的氧气会在金属表面形成一层薄薄的阻隔层，所以不会发生这种情况。

压力之下

宇航员在进入外太空前要经历两年的训练期。
他们会在水下练习太空行走，以适应失重环境。

天价宇航服

美国国家航空航天局的宇航服每件平均价格接近1,200万美元，
其设计可以保护穿戴者免遭太空的所有危险。

太空行走

宇航员的太空行走任务可以持续大约六个半小时。宇航服内的生命保障系统可以给他们提供氧气，并为他们阻挡有害的辐射。

层层保护

宇航服有7层防护层，以保护宇航员免受尖锐陨石碎片的伤害。

内置饮料袋

宇航员的宇航服里装有饮料袋，袋子上有特制的吸管，当宇航员感到口渴时，可以通过吸管喝水。

挠痒痒装置

宇航员在太空行走时无法触摸到自己的脸，所以他们的头盔里装了一小块可供摩擦的材料，方便给鼻子挠痒痒。

气味"安检"

在携带物品进入太空前，美国国家航空航天局会雇用专人嗅它们的气味。
因为在国际空间站上，异味是很难消除的，所以必须确保所携带物品不会散发出让宇航员
恶心的气味。没有通过测试的物品包括相机胶卷、记号笔、睫毛膏，甚至还有毛绒玩具！

太空没有洗衣机

当最近的洗衣机在 400 千米外时，你会怎么洗衣服？宇航员执行
太空任务时会带去很多衣服，因为他们在空间站穿过的衣服会直
接丢掉。但这些"垃圾"可以用作其他用途，有些甚至可以用来在
国际空间站上种植植物。

喵星人上太空

除了 500 多名宇航员，许多动物也踏上了进入太空的旅程。来自法国的费利塞特是第一只也是唯一一只执行过太空任务的猫，它乘坐火箭飞到 160 千米的高空，之后安全降落。

宇宙飞犬

世界上最长的狗狗太空飞行纪录是由俄罗斯的两只猎犬——"轻风"和"煤块"创造的。它们在绕地球轨道上转了 22 天才回家。

太空之网

在被一名高中生问到蜘蛛能否在失重状态下织网后，美国国家航空航天局将两只蜘蛛——阿拉贝拉和阿妮塔送进了太空。结果，这两只蜘蛛在"天空实验室3号"空间站上织了59天的网。

图书在版编目（CIP）数据

奇怪的冷科学 . 宇宙深处 / （美）詹姆斯·奥尔斯坦
著；桂小黎译 . — 贵阳：贵州人民出版社，2020.4
ISBN 978-7-221-15731-7

Ⅰ . ①奇… Ⅱ . ①詹… ②桂… Ⅲ . ①科学知识－普
及读物②宇宙－普及读物 Ⅳ . ① Z228 ② P159-49

中国版本图书馆 CIP 数据核字 (2019) 第 275773 号

ODD SCIENCE SPECTACULAR SPACE

by James Olstein

贵州省版权局著作权合同登记号 图字：22-2019-34 号

奇怪的冷科学·宇宙深处

〔美〕詹姆斯·奥尔斯坦 著

桂小黎 译

选题策划	联合天际
责任编辑	陈田田
特约编辑	李 嘉
知识顾问	赵 洋
装帧设计	浦江悦

出　版	贵州出版集团　贵州人民出版社
发　行	未读（天津）文化传媒有限公司
地　址	贵州省贵阳市观山湖区会展东路 SOHO 公寓 A 座
邮　编	550081
电　话	0851-86820345
网　址	http://www.gzpg.com.cn
印　刷	雅迪云印（天津）科技有限公司
经　销	新华书店
字　数	15 千字
开　本	889 毫米 × 1194 毫米 1/20　4 印张
版　次	2020 年 4 月第 1 版　2020 年 4 月第 1 次印刷
I S B N	978-7-221-15731-7
定　价	68.00 元

未小读
UnRead Kids
和世界一起长大

未读CLUB
会员服务平台